diário do PET

edição gatos

SANDRA FAYET

ilustrado por
Zambi

AVEC
EDIIORA

Copyright ©2017 Sandra Fayet e Zambi

Todos os direitos dessa edição reservados à AVEC Editora.

Nenhuma parte desta publicação poderá ser reproduzida, seja por meios mecânicos, eletrônicos ou em cópia reprográfica, sem a autorização prévia da editora.

Editor: Artur Vecchi
Textos: Sandra Fayet
Ilustrações: Zambi
Diagramação e projeto gráfico: Vitor Coelho
Revisão: Miriam Machado

Dados Internacionais de catalogação na Publicação (CIP)
(Câmara Brasileira do Livro, SP, Brasil)

F 284	Fayet, Sandra
	Diário do pet : edição gatos / Sandra Fayet; ilustrações de Zambi.
	Porto Alegre : AVEC, 2017.
	ISBN: 978-85-5447-005-0
	1.Literatura infantojuvenil 2. Animais de estimação
	I. Título II. Zambi
CDD 028.5	
	Índice para catálogo sistemático:
	1. Literatura infantojuvenil 028.5

Ficha catalográfica elaborada por Ana Lucia Merege – 467/CRB7

1ª edição, 2017
Impresso no Brasil/ Printed in Brazil

AVEC Editora
Caixa Postal 7501
CEP 90430-970 – Porto Alegre – RS
contato@aveceditora.com.br
www.aveceditora.com.br
Twitter: @avec_editora

TUDO PRONTO?

VAMOS COMEÇAR!

Materiais que você vai precisar.

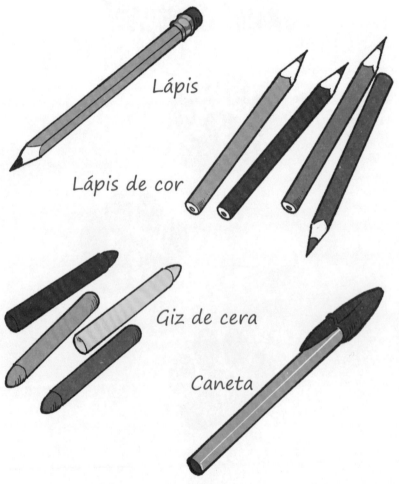

Lápis

Lápis de cor

Giz de cera

Caneta

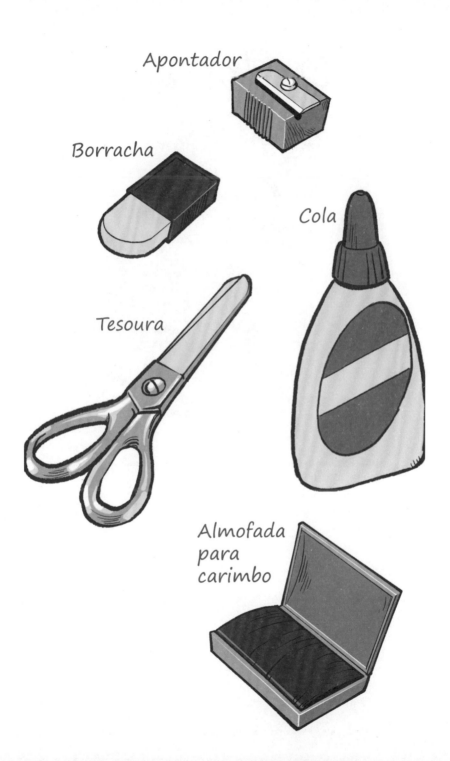

Dados do seu pet:

Nome:_____
Sexo: ( )fêmea ( )macho
Raça:_____
Cor dos olhos:_____
Cor do pelo:_____
Idade:_____
Aniversário:_____

Dados do dono:

Nome:_____
Idade:_____
Aniversário:_____
Profissão:_____
Cidade onde mora:_____

Dados do veterinário:

Nome:_____
Telefone:_____
Endereço:_____

Anote as medidas do seu pet.

Peso:_____kg

Altura:_____cm

Comprimento:_____cm

Como é a pelagem do seu pet?

( ) curta

( ) longa

( ) dura

( ) macia

( ) lisa

( ) encaracolada

( ) ondulada

( ) fina

( ) grossa

Qual é o porte do seu pet?

( ) pequeno

( ) médio

( ) grande

Você sabe qual é a fase da vida do seu pet?

( ) filhote

( ) adolescente

( ) maturidade

( ) velhice

( ) não sei

Cole um pedacinho do pelo do seu pet nesta página.

Impressão digital do pet:

Carimbe aqui uma das patas.

Escreva a principal característica do seu pet.

Faça um desenho do seu pet.

O que seu pet significa para você?

( ) amigo
( ) filho
( ) companheiro
( ) mais um da família
( ) só um bichinho
( ) rei da casa
( ) outro significado:
_____

Escreva cinco motivos pelos quais seu pet é especial para você.

1.

2.

3.

4.

5.

Preencha a placa de identificação.

Como foi escolhido o nome do seu pet?

Há quanto tempo você tem seu pet?

Como seu pet chegou à sua vida?

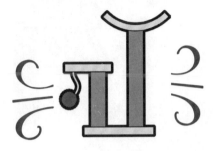

( ) adotou
( ) ganhou
( ) comprou
( ) encontrou na rua
( ) outra forma: _____

Escreva a história de como você e seu pet se conheceram.

Você se lembra da primeira impressão que teve do seu pet?

Anote.

Espaço para colar uma das primeiras fotos do seu pet.

Escreva como foram os primeiros dias com seu pet.

Anote o nome das pessoas que moram com seu pet.

Desenhe seu pet com sua família.

Você tem outros animais de estimação? Se sim, escreva os nomes.

Faça uma lista dos direitos e deveres do seu pet na sua casa.

Direitos	Deveres
☐————————	☐————————
————————	————————
☐————————	☐————————
————————	————————
☐————————	☐————————
————————	————————
☐————————	☐————————
————————	————————
☐————————	☐————————
————————	————————

Quem é o responsável pelos cuidados com seu pet?

Alimentação

Passeios

Banhos

Brincadeiras

Limpeza do ambiente

Descreva a rotina de um dia do seu pet.

Manhã

Tarde

Noite

Quais são os locais da casa em que seu pet mais gosta de ficar?

quarto

sala

sacada

área de serviço

banheiro

cozinha

pátio

outro local...

Desenhe o brinquedo preferido do seu pet.

Faça uma lista dos amigos do seu pet.

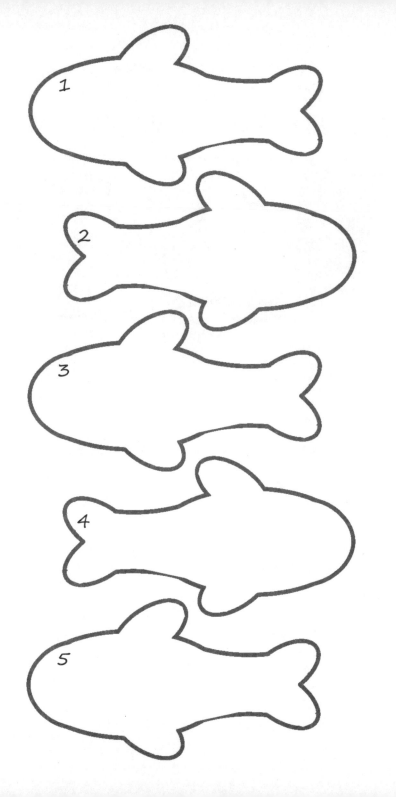

Escreva como você e seu pet passam o tempo juntos.

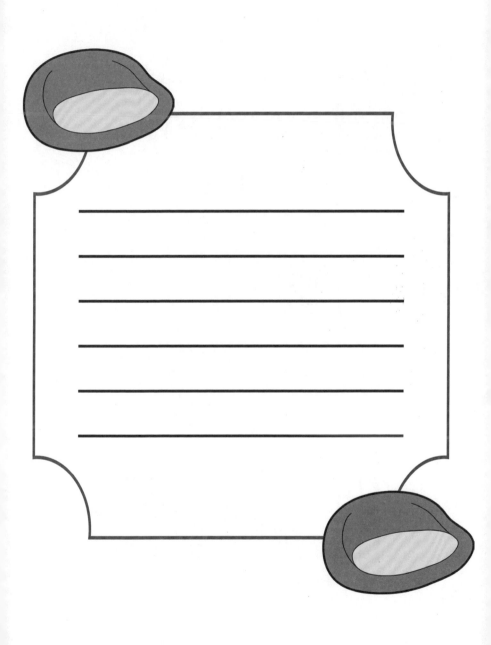

Circule os locais onde seu pet costuma dormir.

Checklist dos cuidados com seu pet. Está tudo em dia?

( ) dar banho

( ) escovar os dentes

( ) tosar o pelo

( ) escovar o pelo

( ) cortar as unhas

( ) limpar os ouvidos

( ) limpar os olhos

( ) vacinas

( ) vermífugos

( ) preventivo contra pulgas e carrapatos

( ) outros cuidados: _____

Qual o passeio preferido do seu pet?

Cole uma foto ou desenhe o local onde vocês costumam passear juntos.

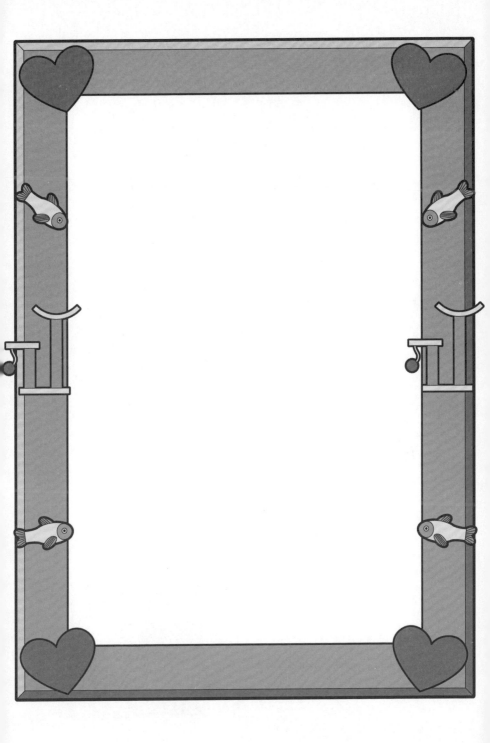

Assinale os locais onde seu pet vai junto com você.

casa dos amigos

rua

trabalho

escola

shopping

supermercado

parque

outros lugares...

Como você chama seu pet?

( ) meu amor
( ) meu lindo
( ) meu bichinho
( ) meu bebê
( ) meu gatinho
( ) pelo nome dele
( ) de outro jeito:
_____
_____

Liste cinco coisas que fazem seu pet feliz.

Liste cinco coisas que deixam seu pet brabo.

1

2

3

4

5

Onde seu pet costuma fazer suas necessidades?

no pátio

na rua

no jornal

na caixa de areia

em qualquer lugar

outro lugar...

Assinale o que seu pet costuma carregar pela casa.

- sapatos
- roupas
- brinquedos
- comida
- outras coisas:

_____
_____
_____

O que seu pet mais gosta de fazer?

Quais as reações do seu pet quando você chega em casa?

( ) fica alegre

( ) mia

( ) esfrega-se nas minhas pernas

( ) fica indiferente

( ) outras reações:

_____

_____

_____

Circule as comidas preferidas do seu pet.

ração seca

ração úmida

petiscos

comida caseira

sobras da casa

outras coisas...

Cole aqui uma parte da embalagem da ração ou petisco preferido do seu pet.

Selecione os sentimentos que você já percebeu no seu pet.

alegria

tristeza

solidão

ansiedade

raiva

ciúmes

carência

amor

outros...

Marque as afirmações que combinam com seu pet.

\|/

( ) alegre e brincalhão

( ) quieto e na dele

( ) comportado e obediente

( ) irritado e rabugento

( ) sapeca e travesso

( ) ciumento e possessivo

( ) mimado e dengoso

Quais destes itens seu pet possui?

cama

coleira

guia

caixa de areia

pote de água

pote de ração

caixa de transporte

brinquedos

placa de identificação

 roupas

bolsa para carregar

outros...

Registre um susto que seu pet já lhe deu.

O que mudou na sua vida desde que seu pet foi morar com você?

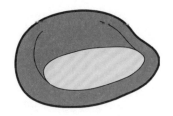

( ) mais amor
( ) mais alegria
( ) mais bagunça
( ) mais responsabilidade
( ) mais companhia
( ) nada mudou
( ) outra coisa:

_____

_____

_____

Quais situações fazem seu pet miar?

Como você aprendeu sobre os cuidados com seu pet?

( ) veterinário
( ) amigos
( ) livros
( ) internet
( ) televisão
( ) de outro jeito:

_____
_____
_____

Quais são as semelhanças entre você e seu pet?

Planeje o próximo aniversário do seu pet.

Data:

Hora:

Local:

Comes & bebes:

Convidados:

Escreva os presentes que você daria para seu pet.

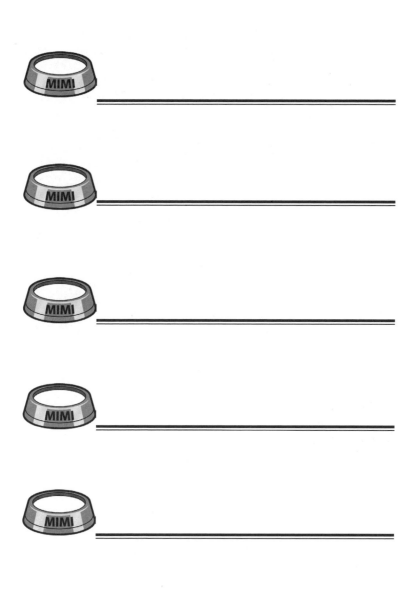

O que você acha que seu pet pensa sobre você?

Você gostaria que seu pet fosse diferente?

( ) não, adoro como ele é
( ) sim, gostaria que……

_____
_____
_____
_____

Faça aqui um planejamento de uma semana de brincadeiras com seu pet. Ele vai adorar!

Segunda	Terça

Quarta	Quinta

Sexta	Sábado

Domingo

O que seu pet faz melhor do que você?

( ) ouve
( ) enxerga
( ) sente cheiros
( ) tem paciência
( ) dorme
( ) come
( ) demonstra carinho
( ) outra coisa:

_____
_____
_____

Escreva uma travessura que seu pet já fez.

Liste cinco coisas em que seu pet precisa melhorar.

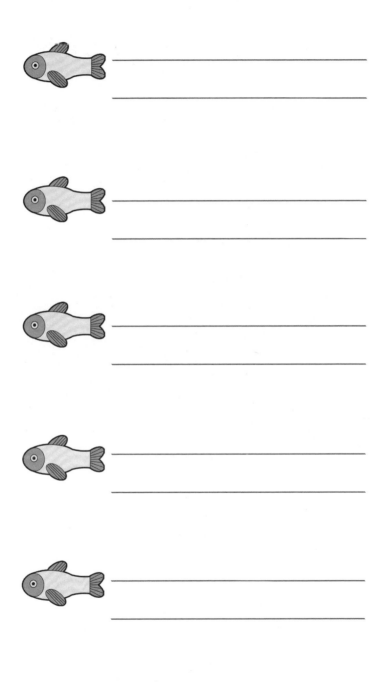

Cole a foto de uma viagem com seu pet.

Liste os lugares para onde seu pet já viajou com você.

Planeje uma viagem com seu pet.

Destino:
_____
_____

Data:
_____
_____

Duração:
_____
_____

Meio de transporte:
_____
_____

Pessoas que irão com vocês:
_____
_____

Complete seu checklist para a próxima viagem com seu pet.

- [ ] Cama
- [ ] Pote de comida
- [ ] Pote de água
- [ ] Ração
- [ ] Documentos
- [ ] Remédios
- [ ] Carteira de vacinação
- [ ] Brinquedos
- [ ] Caixa de transporte
- [ ] Coleira e guia
- [ ] Sacos plásticos
- [ ] Outros itens:
  _____
  _____

O que você imagina que seu pet diria para você se pudesse falar?

Pare tudo! Brinque agora com seu pet e depois escreva o que fizeram.

_____
_____
_____
_____
_____
_____
_____
_____

Faça um desenho pensando no seu pet.

Adoro quando meu pet...

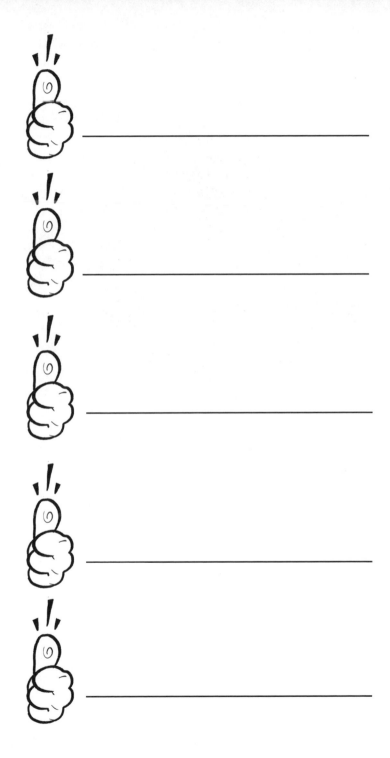

Não gosto quando meu pet...

Escreva sobre um momento especial da vida do seu pet.

Se a vida de seu pet virasse um filme, que nome daria?

Crie uma história em quadrinhos em que seu pet é o personagem principal.

título

Chame seu pet e diga algo para ele.

. . . .

Anote aqui o que você falou.

Liste cinco coisas em que seu pet é nota 10.

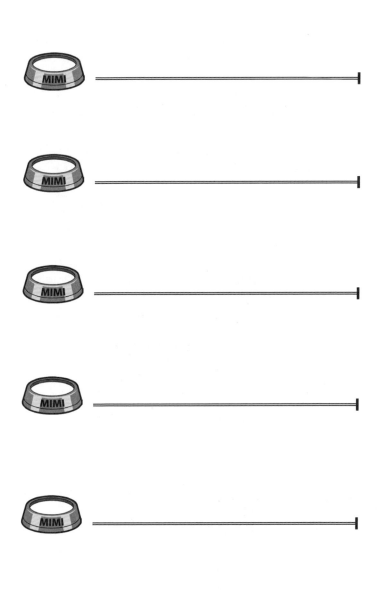

Como é o seu relacionamento com seu pet?

( ) vivo brincando com ele
( ) dou amor e carinho
( ) procuro ter uma rotina
( ) levo meu pet para passear
( ) dou limites
( ) outro jeito:

_____
_____

Registre uma curiosidade sobre seu pet.

. . . .

. . . .

. . . .

. . . .

. . . .

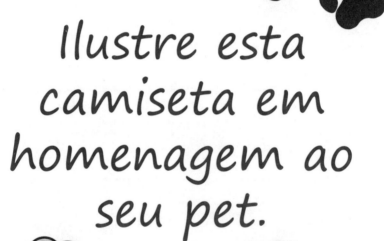

Ilustre esta camiseta em homenagem ao seu pet.

Se seu pet tivesse superpoderes, quais ele teria?

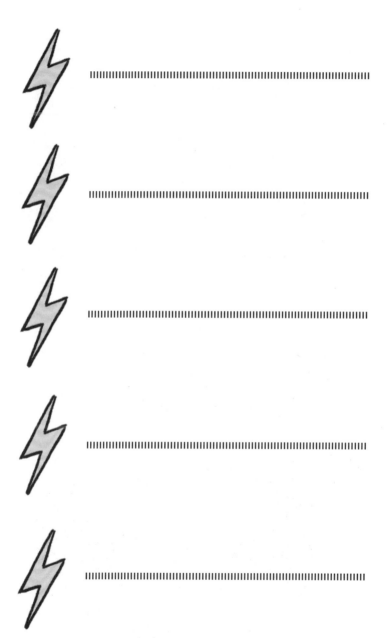

Crie um novo brinquedo para seu pet. Escreva ou desenhe o que imaginou

Seu pet recebeu um troféu. Qual concurso ele ganhou?

O que seu pet está fazendo agora?

Data:

Hora:

Ação:

Você vai ser entrevistado para uma matéria sobre gatos. O que falaria sobre seu pet?

O que você acha que seu pet está pensando neste momento?

Liste as preocupações que você tem com seu pet.

_____

_____

_____

_____

_____

Marque uma nota de 0 a 10 que você acha que seu pet daria para você como dono. Seja sincero!

Escolha um quadro para colocar na sua casa.

Amo meu gato acima de qualquer coisa.

Meu gato é meu ídolo: inteligente, curioso e amável.

O que você vai fazer hoje com seu pet? Escreva.

_____

_____

_____

_____

_____

Espaço reservado aos seus amigos. Peça que escrevam recados para seu pet!

Desenhe seu pet dormindo no seu local preferido.

Escolha quais medalhas abaixo você daria para seu pet.

Pense em um fim de semana perfeito com seu pet. Agora escreva ou desenhe.

Escreva uma mensagem especial para seu pet.

_____

_____

_____

_____

_____